Hwrê! Gwersylla
a beicio heddiw.

TP02 SBN

5

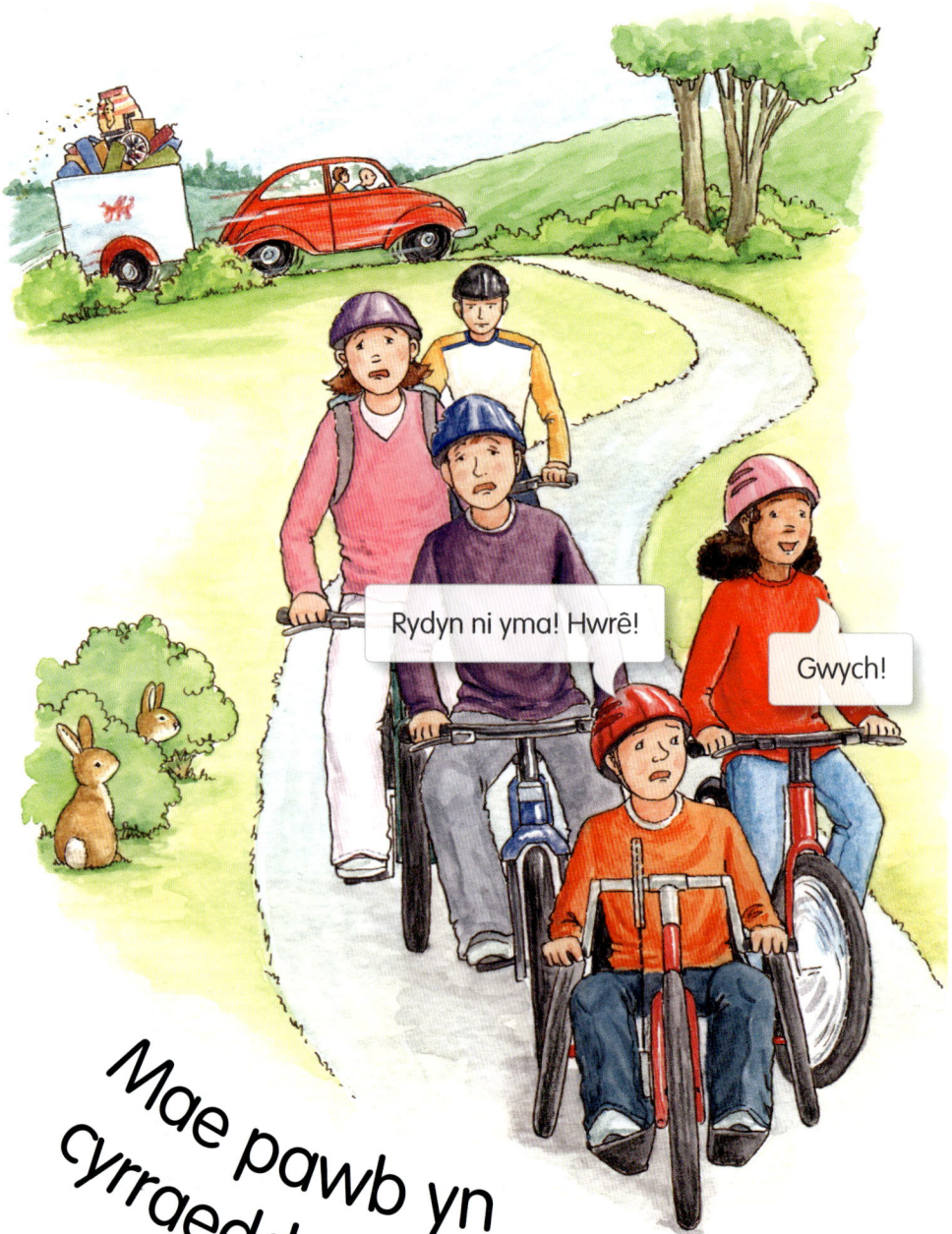

Rydyn ni yma! Hwrê!

Gwych!

Mae pawb yn cyrraedd yn saff.

Mae pawb yn barod am fwyd.

8

Dydy Signor Bolgino
ddim yn hapus.

Mae pawb yn mwynhau.
Bwyd da.

Gwely yn y goeden!
Adar yn y bwyd!

Cysgu mewn coeden fel fi?

Da iawn Ben a'r
gadair olwyn. Gwych!

O na! Am ddiwrnod ofnadwy!

Mae hi'n bwrw pŵ!

Mae Ben yn grêt.

Mae hyn yn hwyl!

Dw i'n wlyb! Grêt.

O na! Beth nesa?

Mae pawb yn hapus, ond beth am Donna?

Da iawn, Ben.
Diolch am helpu.